NEIN - DER MIT DER TRILLERPFEIFE IST KEIN SPIELER IM STREIK, ES IST DER SCHIEDSRICHTER!
ACH?

Uli Stein

FUSSBALL

Für:

ULI STEIN, 1946 geboren, ist der erfolgreichste und bekannteste Cartoonist Deutschlands. Nach dem Abi studierte er Pädagogik, entschied sich aber kurz vor dem Staatsexamen gegen eine Beamtenlaufbahn und begann zu fotografieren und zu schreiben. Seine Nonsens- und Satiretexte bescherten ihm eine eigene Sendung beim Saarländischen Rundfunk, bevor er eher nebenbei entdeckte, dass er die Pointen seiner komischen Einfälle mit dem Zeichenstift schneller auf den Punkt bringen konnte als mit vielen Worten. So entstanden seine ersten Cartoons, deren Figuren im Laufe der Jahre zu den unverwechselbaren Charakteren wurden, die heute Millionen Menschen kennen und lieben. Seine Cartoons erschienen zuerst in Zeitungen und Zeitschriften, danach in Büchern und auf zahlreichen Produkten. Allein im deutschsprachigen Raum sind mehr als elf Millionen Cartoonbücher von Uli Stein verkauft worden. Viele der Bücher, die nicht selten in den Bestsellerlisten zu finden sind, sind in andere Sprachen bis hin nach China und Korea übersetzt worden. Uli Stein lebt und arbeitet in der Nähe von Hannover.

ISBN 978-3-8303-4371-4

Umschlag- und Innenillustrationen: Uli Stein
Herstellung und Gestaltung: Ulrike Boekhoff
Printed in Latvia

Uli Stein im Internet: **www.ulistein.de**

GRUPPENSIEGER WÜRDE MIR ERST MAL REICHEN - VIELLEICHT HAT SICH DIE WM JA DAMIT FÜR MICH ERLEDIGT...
WM-Voraussagen
Gruppensieger 5 €
Achtelfinale 10 €
Viertel 20 €
50 €
Fina 100 €

FOUL!!

Fussballfans
freuen sich zwar,
wenn ein kluger Angriff
Hand und Fuss hat,
aber der Schiedsrichter
lässt so was
natürlich nicht
durchgehen!

TOOOOOR!!!
DEUTSCHLAND HAT EIN TOR GESCHOSSEN!

WAS IST EIGENTLICH EIN EIGENTOR?

Das waren noch Zeiten,
als Beckenbauer
noch selbst das
Franzbein schwang!

UND? KANNST DU DIE TABELLE SEHEN?
JA - BORUSSIA MÖNCHENGLADBACH STEHT GANZ OBEN!
kicker

GILT DAS
ALS GEHALTEN?
KEINE AHNUNG!

Wenn Farbenblinde Fussball gucken ...

TOOOOOOR!!!!
NIMM SOFORT DAS DING AUS DEM OHR!

SOFORT PLATZVERWEIS!!!
ER HAT IHN ANGESPUCKT!
ROTE KARTE UND VIER WOCHEN SPERRE!
WÄR' WOHL KEIN JOB FÜR MICH!

WOFÜR IST DAS?
Juni
1 2 3 4 5 6 7 8 9
10 11 12 13 14 15
16 17 18 19 20 21
22 23 24 25 26 27
28 29 30
Juni
1 2 3 4 5 6 7 8 9
10 11 12 13 14 15
16 17 18 19 20 21
22 23 24 25 26 27
28 29 30

ER HAT ES NICHT EINFACH IM LEBEN: DAUERND WIRD ER VON IRGENDEINEM IDIOTEN WEGGEKICKT!

DER HUND, DER DAS RADIO GEFRESSEN HAT, BITTE...
EINEN MOMENT NOCH: NUR NOCH SCHNELL DIE BUNDESLIGA-ERGEBNISSE!

Mein Hausarzt hat angemahnt,
etwas mehr Sport täte mir gut.
Hey – ich komme auf rund sieben
Stunden Sport die Woche:
Vier Stunden bei Sky und
drei Stunden bei Sport1 – das
müsste doch eigentlich reichen!

KLASSE SCHIEDSRICHTER!
GEHÖRT BEI DIESER WM EINDEUTIG ZU DEN TOP PFEIF!

TOOOOR!!

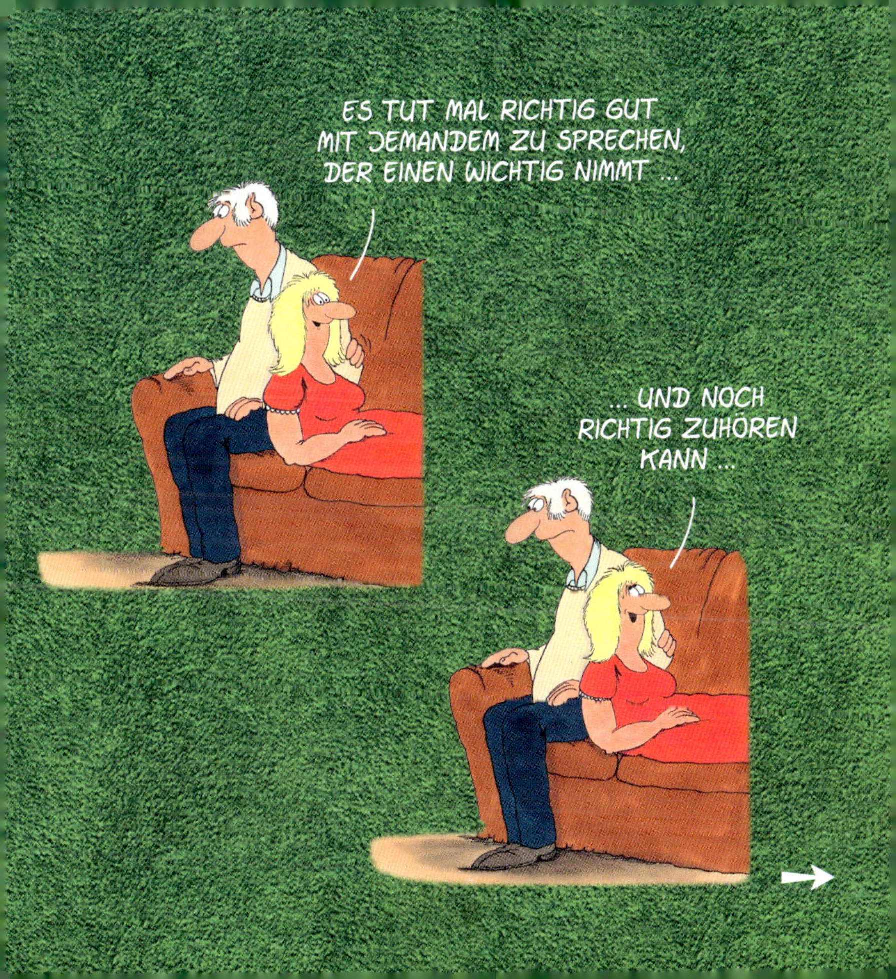
ES TUT MAL RICHTIG GUT MIT JEMANDEM ZU SPRECHEN, DER EINEN WICHTIG NIMMT ...
... UND NOCH RICHTIG ZUHÖREN KANN ...

TOOOOOR!!!
TOOOOOOOOR!!!

BEI DREI LASST IHR LOS UND ICH HAU IHN REIN!

DER SCHIEDSRICHTER IST UNTER ALLER SAU!
NA, ICH DARF DOCH MAL SEHR BITTEN!

FOUL! FOUL!!!
WAS IST? SCHIMPFST DU SCHON WIEDER AUF DIE BEAMTEN?

ANFÄNGER?

Gar nicht so leicht...

... wenn ehemalige Fussballspieler auf Golf umsatteln.

OBEN LINKS!

WO IST DEIN MANN?
OBEN IN UNSEREM FERNSEHZIMMER, GUCKT FUSSBALL...

INTERESSIEREN SIE SICH FÜR SPORT?

Fussballfeld ...
... bevor der Eckball erfunden wurde.

GLASEREI
Unser Geschenktipp:
Ein Fussball: Das Richtige für jeden Jungen!

DER RASEN SIEHT NICHT SEHR NAHRHAFT AUS!
KANNST DU AN NICHTS ANDERES ALS ANS ESSEN DENKEN?

Blinder Pfeifer schadet nur!

(Trainer Günter über unfähige Schiedsrichter)

SIE HÄUTEN SICH NACH JEDEM SPIEL?
DAS NENNT MAN TRIKOT-TAUSCH UND DAS MACHT MAN BEIM FUSSBALL SO...

NEIN, NEIN - NICHT ZWEIMAL 45 STUNDEN - ZWEIMAL 45 MINUTEN!!!!
DA SIND WIR JA NOCH NICHT MAL AM SECHZEHNER...

EIN KLARER AUSWÄRTSSIEG, SOVIEL STEHT FEST. ABER SIE WOLLEN DOCH WOHL NICHT ETWA AUCH NOCH DIE MANNSCHAFTEN VON MIR WISSEN?
2:6 =

Wenn Feministinnen Fussball gucken ...

Wenn der Zweitligist Alemannia Aachen eine Damenfussballabteilung hätte, würde die dann Alefrauia Aachen heissen?

PAPA KOMMT HEUTE SPÄTER. ICH SOLL IHM DAS SPIEL AUFZEICHNEN...

VIEL SPASS MIT Uli Stein

ISBN 978-3-8303-3390-6

ISBN 978-3-8303-3391-3

ISBN 978-3-8303-4328-8

ISBN 978-3-8303-4272-4

ISBN 978-3-8303-4271-7

ISBN 978-3-8303-4270-0

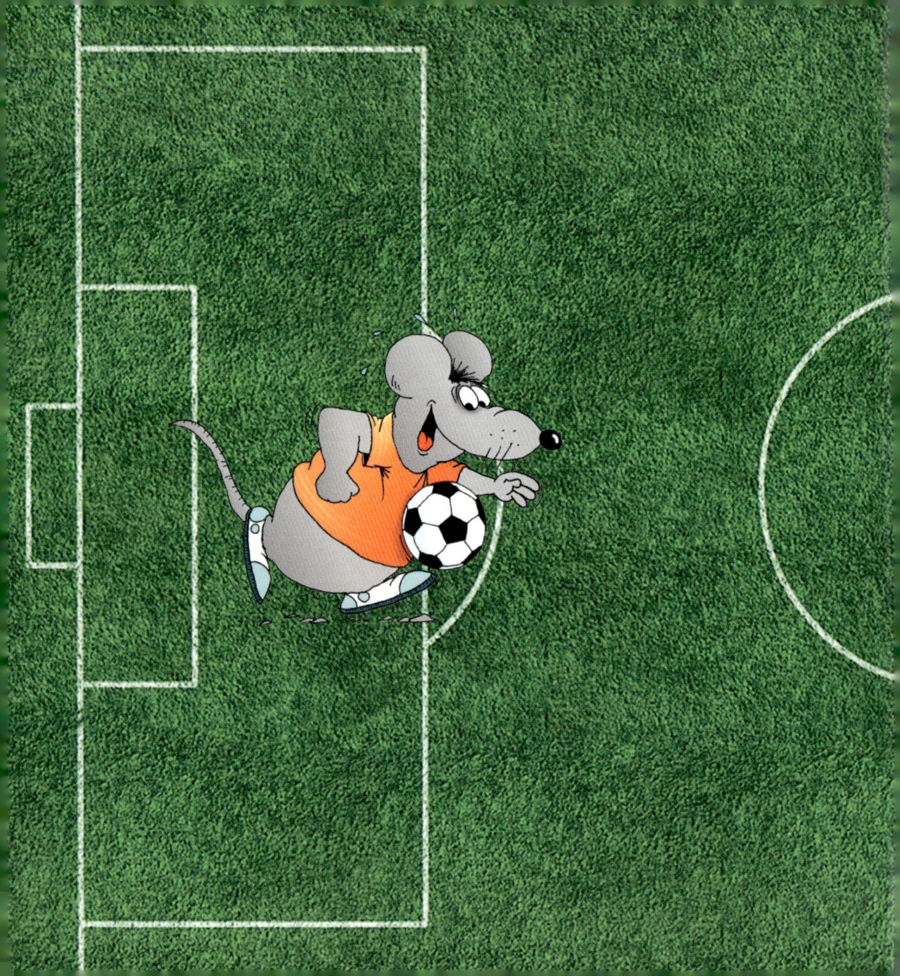